Notes de pluie

Du même auteur

Romans historiques

Althéa ou la Colère d'un roi, Robert Laffont, 2010.
Les Lys pourpres, 2012.
Les Venins de la Cour, 2013.
Raison souveraine, 2015.
Reine des Lumières, 2017.
L'Audace de la liberté, 2022.
Les Lys pourpres, 2024.

Essais

Marcel Pagnol, Un autre regard, 2014.
Passionnément Gainsbourg, 2016.

Roman contemporain

Murphy ne meurt jamais, BoD, coll. « L'Échappée belle », 2021.

KARIN HANN

NOTES DE PLUIE

Recueil de poésie

L'Échappée belle

À ceux que j'aime ou que j'ai aimés et qui ont nourri mon imaginaire d'écrivain.

AVANT PROPOS

Le meilleur moyen de réaliser ses rêves est à coup sûr de se réveiller. Il est urgent de vivre, et de le faire avec toute la passion dont on est capable.

Écrire est la mienne.

La littérature et les arts m'ont toujours semblés être la plus belle fenêtre ouverte sur le monde. En cette époque d'immédiateté qui génère une frustration permanente en nous rendant impatients, s'abandonner à la lecture ou à la contemplation d'une œuvre d'art, c'est se réapproprier du temps heureux, loin de toute attente, et choisir de se placer dans l'introspection, celle par laquelle on s'humanise en se grandissant. Cela nous ouvre une route différente en nous ramenant à ce qui est essentiel pour notre construction psychologique, intellectuelle et affective, c'est-à-dire pour *notre cheminement*.

Je compose des poèmes depuis mon plus jeune âge et caressais l'envie d'en publier un recueil. Après les romans, historiques ou non, et les essais, j'aimais l'idée d'utiliser ma plume à d'autres effets. Cependant, Serge Gainsbourg, à qui j'ai consacré un essai[1] dans lequel j'analyse son œuvre et les origines de son inspiration, avait coutume d'expliquer qu'au XXe siècle, la poésie avait désormais besoin, dans cette époque du son et de l'image, du support de la musique pour rencontrer son public. C'est sans doute vrai. Je ne franchissais donc pas le pas, même si la trame dramatique de mon roman contemporain *Murphy ne meurt jamais*[2], était déjà émaillée de poèmes que j'avais composés, ce qui était un moyen pour moi d'exprimer ce désir sans toutefois le mener vraiment à son terme. Mais lorsqu'un jour, j'ai reçu l'enregistrement d'un compositeur qui, sachant que je chantais, s'était emparé de ces vers pour les mettre en musique, tout s'est enclenché avec une incroyable évidence. Un projet était né. Le rêve se réalisait enfin. Certains textes de *Murphy* devinrent alors des chansons en l'état, quand d'autres durent être réécrits mais tout s'est enchaîné, jusqu'à ce qu'il y eût enfin matière à publier ce fameux recueil,

---

1. Karin Hann, *Passionnément Gainsbourg*, Éditions du Rocher, 2016.
2. Karin Hann, *Murphy ne meurt jamais*, Éditions B. O. D., Collection *L'Échappée belle*, 2021.

preuve que l'accomplissement d'un rêve peut en générer un autre…

La poésie touche à l'intime. Dans sa définition, il s'agit d'un « art du langage visant à exprimer ou à suggérer, par le rythme, l'harmonie et l'image ».

Harmonie… Ce mot qui est aussi usité en musique est de loin celui que je préfère. Consonance douce, signification divine ! Elle est ce à quoi on aspire, ce qui crée du Beau, ce qui rend heureux ; elle est le but ultime parce qu'elle induit l'équilibre vers lequel on tend en permanence. C'est aussi le mot-clé que contient le titre d'un poème des *Fleurs du Mal* que je place au-dessus de tous les autres, j'y reviendrai.

Au cours de mes études, j'ai été amenée à travailler sur le concept de poésie dans l'œuvre de Marcel Pagnol. Qu'est-ce que la poésie ? Aristote, avec sa fameuse *Poétique*, est venu à mon secours. Si je devais résumer mon impression, je dirais ici que la poésie est ce qui nous bouleverse, nous parle au cœur ; c'est une émotion pure, qui nous étreint, comme un trop plein ; le besoin impérieux d'une expression.

J'ai toujours eu une prédilection pour le XIXe siècle, celui du Romantisme qui se métamorphose depuis ses glorieux soleils levants, avec

Chateaubriand, Senancour et Lamartine, en passant par les soleils flamboyants, de Hugo à Vigny ou Musset, dans cette ambition de « tout voir, tout faire voir, tout comprendre, tout faire comprendre » chère à Balzac, qui se transforme encore dans le Réalisme de Flaubert ou le Naturalisme de Zola, pour atteindre le Supranaturalisme de Baudelaire et les Poètes Maudits, de Verlaine à Rimbaud, jusqu'à la Décadence de Jean Lorrain. Dans sa quête d'absolu, Proust ferme ce mouvement magnifique en 1921, lorsqu'il décède après avoir livré son immense fresque littéraire, laquelle place encore le Moi au centre de sa recherche, sans aucun jeu de mots !

Pas surprenant alors que les thèmes qui me sont chers, pour cet exercice en vers, soient toujours la nostalgie, le manque, la fuite du temps, la rupture, l'amour meurtri, le deuil d'une relation, le souvenir, la quête de l'oubli. Tous ces grands sujets éminemment romantiques, au sens littéraire du terme, sont en effet ceux qui nous mobilisent, nous bousculent, nous dérangent, nous font souffrir et nous interrogent en nous projetant hors de notre zone de confort.

Écrire devient alors ce qui console, par une conversion de l'émotionnel négatif en imaginaire, par la re-création d'un monde qui nous absout et nous libère en nous permettant une échappée belle à laquelle on aspire forcément dans la douleur de l'âme. C'est pourquoi la poésie est cathartique. Elle empêche toute forme de rancœur, car déposer son chagrin dans un poème, c'est ne plus jamais être capable d'en vouloir à qui en est la cause. C'est une manière de demeurer dans sa propre lumière, en utilisant une énergie négative pour fabriquer de l'harmonie. On l'aura compris, mon sentiment est que la poésie est ce qui transforme le plomb en or ; c'est de la boue dont on fait des nuages… Comme un dépôt de plainte, en quelque sorte. Les vers sont des pleurs mus en fleurs, des fleurs nées du mal, même si le mal Baudelairien est le vice et non le chagrin.

Toutefois, rédiger des poèmes constitue également une mise en danger par un nécessaire rejet du déni, une mémoire que l'on cultive, un ressenti archivé qu'il nous faut convoquer pour les besoins de la création, une archéologie de la mémoire qui invite à retrouver au fond de soi ce que l'on croyait enfui et qui n'était qu'enfoui, un peu comme si on ne s'autorisait jamais à cicatriser complètement afin d'être en mesure de fouailler la chaire pour la faire saigner encore un peu et y tremper sa plume…

Rédiger un poème est, on l'aura compris, une mise à nu. Mais c'est aussi une manière de revoir sa propre existence en caléidoscope et d'en retrouver les couleurs. Tout ce qu'un écrivain met dans ses livres n'est pas lui ; mais tout ce qui est lui s'y trouve. On ne choisit pas d'évoquer un personnage historique ou l'œuvre d'un artiste par hasard. Les sujets, les thèmes force peuvent être révélateurs. Mais la mise à distance est toute aussi réelle. Le sujet impose ses contraintes et les personnages leur loi.

Il en va différemment de la poésie. Pas de filtre, pas de personnage, pas de support autre que l'émotion.

Sans doute est-ce la raison pour laquelle j'ai attendu aussi longtemps pour publier un recueil de poèmes : il fallait adjoindre la perspective de l'expérience à la maturité nécessaire pour être capable de ce dévoilement.

La passion rend courageux. Elle confère de l'ardeur au travail et valide inconsciemment une forme d'acceptation du danger. Mais elle est surtout ce qui nous éclaire, en nous proposant la plus belle définition de la vie.

Nota : Certains de ces textes ont été écrits directement pour être chantés, d'où la présence de didascalie.

*Toutes les notes de pluie
Sont des étoiles enfuies
Dans le ciel de nos vies…*

DE BOUT EN BOUT

De bout en bout
Tout ces tabous
Me mettent à bout
Pour rien du tout
Ces après tout
De rien du tout
Du tout au tout
C'est rien,
C'est tout

Je tiens debout
Dans ces remous
Mais je t'avoue
Que ça secoue

Joue ton va-tout
Moi je m'en fous
Ça ne t'absout
De rien du tout

Là pour le coup
Sans garde-fou
Je n'sais plus où
J'en suis du tout

Plus un atout
À bout de tout
Et tout au bout

Je t'aime
C'est tout

IDYLLE TEXTUELLE

Il citadelle, quête existentielle
Elle sensuelle, en émotionnel
Il sans appel, pas de coup de fil
Elle sans nouvelles, se fait de la bile
Il étincelle mais pas de charnel
Elle rationnelle veut se faire la belle
Il pense à elle, le cœur en exil
Elle, je tue il, oublie leur idylle
Il si subtil lit dans ses prunelles
Elle le dessille d'un coup de rimmel
Il avec elle cherche le mot pile
Elle culturelle dans le text-appeal
Il est fou d'elle, elle est son asile
Elle, c'est son île…
Et s'il n'avait qu'elle ?

Idylle textuelle
Textuelle idylle…

MEA-CULPA

Pas de complaisance
Ni d'émoi, ni de toi
Plus de connivence
Entre toi et moi

Plus aucun indice
Plus de jeu de piste
Si le peu qui exi-
Stait ne survit pas

Pas de défaillance
Ou de « non, pas ça ! »
J'ai tenté ma chance
C'est tant pis pour moi

Plus ces évidences
Plus cet unisson
Changement de fréquence
Besoin d'évasion

Plus aucun écho
De nos autrefois
Au-delà des mots
Du « tout ça, pourquoi ? »

Face à l'arrogance
De ton quant-à-soi

*Plus rien n'a de sens
Tout se tait en moi*

*Dans l'état des lieux
De cet après toi
Je lis ces aveux :
Mea culpa.*

LES AIRS D'ANTAN

Vois
Toujours ta jeunesse
Bois-
La jusqu'à l'ivresse

Tout comme au temps
De ces printemps éblouissants
Où l'on s'aimait passionnément
Dans la lumière de nos vingt ans

De ces refrains
Qu'on fredonnait le nez au vent
Croquant la vie à pleines dents
Me reviennent les airs d'antan

Les airs d'antan...

Vois
La nuit qui s'achève
Sois
Conscient d'une trêve

De ces instants
Où un regard pouvait suffire
À vouloir vivre à en mourir
À fabriquer des souvenirs

Même si ce temps
Ne pourra jamais revenir
On a toujours un avenir
Dans le secret de nos désirs

Vois
Le jour qui se lève
Crois
Toujours en tes rêves

Aux sentiments
Dans les couleurs de nos amours
Imaginées ou sans retour
Au corps à cœur, le souffle court

Dès à présent
Il faudrait pouvoir réapprendre
Dans la douceur d'un geste tendre
Ces airs qu'on a cessé d'entendre

Nos airs d'antan…

POINT DE FUITE

Je t'ai donné mon cœur
Battant à cent à l'heure
Qu'en as-tu fait ?

Immense connivence
Et tant de confiance
Enfuies à jamais

Car sur un désaccord
Tu as rompu le sort
Qui nous unissait

Il est tellement facile
Quand tout devient fragile
De se détourner

Les princes dans la guerre
Même un genou à terre
Ne renoncent jamais

Partie sans adresse
Fuyant la tristesse
J'ai tout oublié

Comme une caresse
En moi la tendresse
Qu'on a partagée

*L'empreinte si subtile
À l'encre indélébile
Tes pleins, mes déliés*

*Au fur et à mesure
Les plaies, les déchirures
Se sont effacées*

*Sans plus de lendemain
Passager clandestin
Je t'ai emporté…*

ÉCRITURE INCLUSIVE

Lui : *Oui…*
Je t'ai parcourue,
Je sens ton émoi.
Elle : *Je suis mise à nue,*
Touchée de tes doigts
Qui tournent les pages,
Quand tu lis en moi
Lui : *Le parfum, la trace*
De tous tes jardins
Secrets que j'efface
Pour n'en laisser rien
Elle : *Qu'une ligne de fuite*
Où tu me rejoins.

Lui : *Je connais ton style*
Dès que je t'étreins
Elle : *Sous tes mains habiles*
Ma voix te dit « viens »

Elle : *Je sens ton désir*
De me déchiffrer
Lui : *Je bois tes soupirs*
Elle : *Tu veux deviner*
Mon âme, mes failles
Et tous mes mystères
Lui : *Je te lis en braille*
Quand mes bras t'enserrent

	C'est à notre tour
	D'ouvrir un chapitre
Elle :	*On saura un jour*
	En trouver le titre

Lui :	*Pas de pages blanches*
	Dans tes émotions
Elle :	*Quand tes mains déclenchent*
	Mon inspiration

Lui :	*Et je te sens… (s)uelle*
	Caressant ta peau
	Survol en textuel
	De notre duo
	On atteint ensemble
	Un autre rivage
Elle :	*Sous ton corps, je tremble*
	Tu me marques page
	Et tu me recenses
Lui :	*Rien n'est censuré*
Elle :	*Redonnant du sens*
	À mes raturés

Lui :	*Je te prends au mot*
	Tu es délivrée
Elle :	*En recto verso*
	J'en suis retournée
Elle :	*Plus de repentirs*
Lui :	*C'est « bon à tirer ».*

ON S'EFFACE

Les ténèbres m'engloutissent
Quand mes démons surgissent
Et dansent autour de moi

Ça devient un supplice
Et je cherche un indice
Un chemin qui s'ouvrirait à moi

Lutter est vain hélas
Car la vie nous tabasse
Ce qu'on aime trépasse
Et l'on reste sans voix

On est pris dans la nasse
Du « ça passe ou ça casse »
On s'en va de guerre lasse
On n'est pas fait pour ça

Fermé pour inventaire
Besoin de prendre l'air
Loin de tous ces tourments

Moi j'ai quitté la Terre
À des années-lumière
Je m'inscris aux abonnés absents

Lutter est vain hélas
Car la vie nous tabasse
Ce qu'on aime trépasse
Et l'on reste sans voix

Il faudra qu'on s'y fasse
Un jour les jouets se cassent
On n'peut pas faire l'impasse
Sur tous nos désarrois

J'ai vu venir le piège
Il fallait que j'abrège
Cette vie en mirage

Quand tourne le manège
Que tout se désagrège
On déchire une à une les pages

Lutter est vain hélas
Car la vie nous tabasse
Ce qu'on aime trépasse
Et l'on reste sans voix

À trop manquer d'espace
Peu à peu on s'efface
Je te cède ma place
Ne compte plus sur moi

À TOI*

Le temps est au vertige
Nos fleurs évaporées
Ainsi qu'un encensoir
Sur leurs tiges ont vibré.

Voici que je m'afflige
Ce lumineux passé
Frémit dans le sang noir
D'un cœur qui s'est noyé.

Ton souvenir se fige
Comme un violon cassé
Pas d'harmonie ce soir
Je ne sais plus valser.

Mélancolique vestige
Langoureuse beauté
Vivante en ma mémoire
Tu demeures à jamais.

* Voir annexe, p. 86.

MISE EN ABYME

Variations énigmatiques
Turbulences en arc-en-ciel
Chirurgie inesthétique
D'une ablation au scalpel

Des moments qui nous égarent
Déchirant nos certitudes
Mélodies à la guitare
Exérèse des habitudes

On a lifté au Botox
Les erreurs et les ratés
Contournant le paradoxe
D'un fini inachevé

On n'efface pas les années
Avec quelques faux-semblants
On apprend à s'évader
Sur des sables émouvants

ILLUSIONS

Il est de ces voyages
D'où l'on ne revient pas
Quand sont tournées les pages
Quand s'effacent les pas
On y a vu l'essentiel
Ce n'était qu'un miroir
Les reflets dans le ciel
Il ne faut pas y croire

Enjolivé
Magnifié
Espéré
Mais qui n'existait pas
Imaginé
Mystifié
Piégé

Je ne voyais que toi
On a tout essayé
Et c'est d'un cœur trop lourd
Que l'on est arrivé
Au point de non-retour
Ni gagnant, ni perdant
Ce n'était pas un jeu
Après toutes ces années
On n'était plus heureux

Enjolivé
Magnifié
Espéré
Mais qui n'existait pas
Imaginé
Mystifié
Piégé
Je ne le voyais pas

La limite est atteinte
On se dit « sauve qui peut »
Pris dans ce labyrinthe
On n'en croit pas ses yeux
On demande une trêve
Sur ces malentendus
Et un jour on en crève
La partie est perdue

Enjolivé
Magnifié
Espéré
Mais qui n'existait pas
Imaginé
Mystifié
Piégé
Là je vois clair en toi

On a tant partagé
Avec tellement de chance
Et puis tout a changé
Plus rien n'avait de sens

Quand se lève le voile
Sur ce rêve trompeur
C'est un fragment d'étoile
Qui se fiche en plein cœur

Enjolivé
Magnifié
Espéré
Mais qui n'existait pas
Imaginé
Mystifié
Piégé
Je ne vois plus que ça

Un jour on se réveille
Quand tout est terminé
Et plus rien n'est pareil
On a fini d'aimer
Il est de ces histoires
Où tout est abîmé
En fermant son grimoire
On écrit : « plus jamais »

Déraciné
Piétiné
Annulé
Je ne suis plus à toi
Émancipé
Liberté
Retrouvée
À présent, c'est sans moi

RÉALITÉ AUGMENTÉE

Elle : *J'ai couché sur du papier*
Mes émois entremêlés
Lui : *Sur des feuilles, ils sommeillaient*
Je les ai mis en 3D
Elle : *De ces notes à ta portée*
Tu effaces mes guillemets
Lui : *Où s'enfermaient tes soupirs*
Qui n'avaient pas d'avenir
Elle : *Ta musique, c'est des étoiles*
Qui me font mettre les voiles
Lui : *Vers de plus belles latitudes*
En exil, les habitudes
Elle : *Harmonie en providence*
Éblouis de l'évidence
Lui : *Un chemin si naturel*
Du singulier au pluriel

Oublions le passé
Réalité augmentée
Additionnant nos sourires
On se crée des souvenirs
Oublions le passé
Réalité augmentée
Terminé le mode « veille »
On conjugue nos soleils

Elle : *J'ai continué à écrire*
J'avais tant de choses à dire
Lui : *Devinant tes états d'âme*
Je suis monté dans la gamme
Elle : *Tu ne manques vraiment pas d'airs*
Quand tu t'empares de mes vers
Lui : *Variation en do majeur*
Sur détournement d'auteur
Elle : *J'aime que tes notes et mes mots*
Se répondent en écho
Lui : *Nos univers se confondent*
On s'évade de ce monde
Elle : *Tes mélodies étincellent*
Et me font m'échapper belle
Lui : *Tes larmes cachées sous la pluie*
À présent se sont enfuies

Oublions le passé
Réalité augmentée
Savourant tous nos fous-rires
On se joue de l'avenir
Oublions le passé
Réalité augmentée
Terminé le mode « veille »
Quand explosent nos soleils

RÊVERIE

Quand le vent nous emmène
Que l'on n'est plus à même
De s'extraire de nos peines
Plus aucun stratagème

On est face au dilemme
Et cela nous enchaîne
Ce qu'on veut, qui l'on aime
Où cela nous entraîne ?

Alors on se démène
On lutte à perdre haleine
Pour ne pas dire amen
À ce qui nous malmène

Et l'on passe des semaines
Des petits matins blêmes
À songer au problème
D'une issue incertaine

On relit des poèmes
Rêvant d'une vie sereine
Mais le carpe diem
C'est le chant des sirènes

Que l'on soit en tandem
Ou tout seul, c'est le même
Jeu, il faut qu'on apprenne
À savoir dire « je t'aime »

TUMULTE

Adieu mon lac majeur
Ma rivière secrète
Mon Mekong intérieur
Agité de tempêtes

Si pour dompter tes flots
Atteindre l'autre rive
Il faut trouver les mots
Qui calment tes dérives

Caressée de tes ondes
J'ai cru m'abandonner
Mais tes eaux trop profondes
Ont su m'en dissuader

Dans tes remous violents
J'ai pensé chavirer
Et tes contre-courants
M'ont souvent déroutée

Tes méandres intimes
Auraient pu me noyer
Si au moment ultime
Je ne m'étais échappée

Ta houle vagabonde
Sur moi est sans effet
Je m'enfuis dans un monde
Où l'on tutoie les fées

IRRÉEL

Il y a l'émotion
Et puis les mots qui tuent
Et les prisons que sont
Tous les prix de vertu

Choisir encore la vie
Et son incandescence
Tous nos sens interdits
Sont autant d'indécences

Décider d'être soi
Vaincre notre Everest
Le temps qui nous échoit
Est du temps qui nous reste

Sur un tempo magique
Une voix me murmure
Tout un chant magnétique
Qui écroule les murs

Dans la redécouverte
De nos destins mêlés
La porte s'est entrouverte
Sur un besoin d'aimer.

PLAY

Débat, argumentation
Ou bombe à fragmentation
Quand s'enfuient les illusions
On prépare son élision

Et sans regrets, ni remords
On suture bord à bord
Sans compromis ni affect
Asepsie où ça s'infecte

Puis en deuxième intention
C'est la cicatrisation
De lésions superficielles
En douleurs résiduelles

Un départ définitif
Et sans justificatif
On emporte le meilleur
En arc-en-ciel sur le cœur

ÉQUILIBRE

Dans tes dièses et tes bémols
J'ai voulu chercher du sens
Mais avec toi, manque de bol
Tout était perdu d'avance

Tu as mis dans du formol
Ton Moi en déliquescence
Abîmé au vitriol
Des peurs et de ta méfiance

Ébahie par tes paroles
J'ai noté les dissonances
Le cœur en extrasystoles
En dépit des apparences

Pas de paracétamol
Je mesure mon impuissance
Silencieuse clé de sol
Devant ton incohérence

Mais le temps souvent console
On oublie les turbulences
Sur les plaies, jamais d'alcool
Honni soit qui mal y pense

AILLEURS

Quand, au cœur de la nuit,
Le vide me rattrape
Et que j'entends la pluie
Sur les carreaux qui tapent

Le ciel pleure à ma place
Ces larmes que je retiens
Serrée dans mon angoisse
Jusqu'au petit matin

J'aimerais tes mots, tes bras
Drapée dans mon linceul
Mais tu n'es jamais là
Et je chemine seule

Être ici ou ailleurs
Pourquoi changer d'espace ?
C'est un poker menteur
Avec le temps qui passe

Chevaucher des licornes
Inventer des chimères
On dépasse les bornes
En étant trop sincère

Se recréer un monde
Dans un vide abyssal
Sortir de cette ronde
Pour s'enfuir du bal

OUBLI

On ouvre la fenêtre
Sur tant de « peut-être »
Jouant des possibles
Sur les cordes sensibles
Recherchant le sens
De tous les silences
Dans un aparté
D'invincible été
Comme une île au large
Un mot dans la marge
Le mode d'emploi
Qui dirait pourquoi
Dans le labyrinthe
De toutes nos craintes
Vit la volonté
De les dépasser
Car nos rêves enfin
Sont entre nos mains
Tout ce temps perdu
Ne reviendra plus
Il nous faut aimer
Pour tout chavirer

PLANER DANS L'AZUR

De sentiments funambules
En orages émotionnels
Dépassé le préambule
On arrive à l'essentiel

Les non-dits qui s'accumulent
Quand plus rien n'est naturel
Point final ou point-virgule
On espère un autre ciel

Faut-il refermer les portes
Sur toutes les ambiguïtés
Décréter en quelque sorte
Une mise en conformité

Situation intenable
Vide sidéral sidérant
Liberté non négociable
Dans un refus du néant

Les muses dansent sous la lune
Jouant de leurs instruments
Ou écrivent de leurs plumes
Des refrains d'or et d'argent

Besoin d'une quintessence
Et d'émois chimiquement purs
Les on dit, on s'en balance
Quand on plane dans l'azur...

CIEL

Ciel d'orage et de feu
Ciel de pluie et d'adieu
Ciel d'oubli et de mieux
Ciel vainqueur et si bleu

Le Moi cicatriciel
Enferme ces quatre ciels
Comme une carte du Tendre
Un chemin en méandres

On franchit ces étapes
Avec le cœur qui tape
Le blues en bandoulière
Comme un mal nécessaire

Puis un jour, ébloui
On sent qu'on est guéri
Respirant la lumière
On murmure d'autres airs…

CADEAU

Tu m'as donné accès
À tes tiroirs secrets
J'y ai compris tes peurs
Tes chagrins, tes rancœurs
J'y ai vu ta lumière
Tes non-dits, tes mystères
Et entrevu ton âme
Comme danse une flamme
Mais tu t'es envolé
Craignant de me livrer
Les clés de ta tendresse
Dans ton rêve de jeunesse
Immarcescible étoile
D'un être qui se dévoile
J'emporte ce cadeau
Qui deviendra des mots.

PENSÉES VAGABONDES

Je suis attachée
À ce qui nous lie
Et un lien vaut mieux
Que deux tu m'aimeras

Et si le mot simple
N'admet pas de rimes
Tenter de faire simple
Ne rimera à rien

Chercher à comprendre
Tes arts appliqués ?
Tout n'est plus que cendre
Rien à répliquer

Je subis l'impasse
Du never explain
Et je te fais grâce
Du never complain

LARMES DE CRISTAL

Quand se lève un nouveau matin
Et qu'il faut écrire le mot « fin »
Sur tous ces si beaux lendemains
Puisqu'on ne peut plus croire en rien

On veut échapper au réel
Un paradis artificiel
Pour effacer tous les rappels
Des cœurs meurtris pris dans un duel

Et on pleure des larmes de cristal
Électro à l'horizontal
Les mots sont des armes létales
Le silence un poison fatal

On voudrait pouvoir faire semblant
Se faire croire que c'est comme avant
Sans raison, tous nos sentiments
Sont des crimes ou des châtiments

Tourmentées, nos âmes blessées
Ce que la vie a révélé
Il faudra bien s'en relever
Dans révéler, on lit « rêver »

Et on pleure des larmes de cristal
Électro à l'horizontal
Les mots sont des armes létales
Il faut y mettre un point final.

HOPE

Il faudrait être myope
Bourré de psychotropes
Pour ne pas voir le flop
Dans tous tes horoscopes

Tu te noies, moi j'écope
Émoi au microscope
Dans ce temps qui galope
Je deviens misanthrope

Tes silences interlopes
Et tes fables d'Ésope
Font de toi l'apocope
D'un caléidoscope

Plaquant un stéthoscope
Sur mon cœur en syncope
Maintenant je dis « stop »
En cachetant l'enveloppe

VOULOIR

Tous les « je ne veux pas »
Écroulent nos prisons
Mais ce sont les « je veux »
Qui créent des horizons

Tu as repeint ma toile
Dans des couleurs pastels
Incandescente étoile
Dans l'encre de mon ciel

Relation douce-amère
De non-dits en mystères
Traversée du désert
Glacé de tes hivers

Impératrice errante
Perdue dans tes variantes
Où je me désaimante
En étoile filante

SANS RELÂCHE

Self control, sans relâche
Pour éviter les clashs
Des silences un peu lâches,
De la paix à l'arrache

C'est du plâtre qu'on gâche
Pour effacer les taches
Puis repeindre à la gouache
Les conflits qui nous fâchent

Mais alors, on remâche
Tout ce qui nous détache,
Tous ces mots un peu trash
Qui manquent de panache

Et un jour, c'est le crash
Comme un coup de cravache
Et l'on tranche à la hache
Ces liens qui nous attachent.

Dans ce jeu de cache-cache,
Il n'est pas, que je sache,
Interdit, comme le hash,
De choisir d'être cash

ÉVIDENCE

La déliquescence
De nos connivences
En moi les absences
Plus de dépendance
Perdue l'innocence
Enfuie l'espérance
J'étais en souffrance
Je suis en partance

Exit la prudence
J'veux de l'impudence
Dans les confidences
Et de la confiance
J'en veux à outrance
L'amour en freelance
Moi je m'en balance
J'veux tenter ma chance

Pour de l'évidence
Ce qui a du sens
Pour de l'évidence
Des correspondances

J'veux de la romance
Dans la dissidence
Loin des discordances
Et des résistances

Je prends mes distances
Ta condescendance
Me mettait en transe
C'est plus ma tendance

Je veux l'évidence
Ce qui a du sens
Je veux l'évidence
Finies les errances

AFFAIRE DE CŒUR EN COURS

Les mots nous laissent une trace
Des empreintes dans la neige
Que le vent soudain efface
Déjouant les sortilèges

Dans la vie chacun chemine
Vers le point de non-retour
Marchant au bord de l'abîme
Pas question de demi-tour

Je sens que le vent m'emporte
Vertige de l'inédit
Ce sont les étoiles mortes
Que l'on voit briller la nuit

J'ai tant cherché ton regard
Mon image dans tes prunelles
Je m'y suis vu au hasard
Sur le mode accidentel

J'ai fait ma déposition
L'affaire est classée sans suite
Terminées les auditions
Le salut est dans la fuite

Affaire de cœur en cours
Affres d'un cœur trop lourd

EMPÊCHE-MOI DE TOMBER

Je n'ai plus de certitude
Le sol s'en va sous mes pieds
Déroge à tes habitudes

Empêche-moi de tomber

Comment savoir qui je suis
Quand le miroir est cassé
J'entends sur le toit la pluie

Empêche-moi de tomber

Je suis on n'peut plus lucide
Sur les erreurs du passé
Mais quand m'attire le vide

Empêche-moi de tomber

Quand la nuit, seule, je m'évade
Sur des chemins détournés
Que mon cœur bat la chamade

Empêche-moi de tomber

Et si je m'envole un jour
Bercée dans les bras du vent
Il n'y aura pas de retour
Tu n'auras rien empêché.

DESCENDRE EN APNÉE

Descendre en apnée
Quand on manque d'air
Besoin d'échapper
À des vents contraires

Ambiance annoncée
Plutôt délétère
Moins dix en degrés
Partout des congères

On n'a pas signé
Pour ce ministère
Être prisonnier
De cet arbitraire

Notre destinée
N'est pas linéaire
On peut s'envoler
Vers une autre sphère

Partir en tournée
Reprendre de l'air
Et se fabriquer
Des années lumières

TROP TARD

Il n'y a rien de pire
Que d'avoir à dire
Trop tard

Sa vie, ses empires
Faut pas les bâtir
Trop tard

On a tous des rêves
Mais on les achève
Trop tard

On aime les romances
Teintées de démence
Trop tard

On joue la clémence
Ou l'indifférence
Trop tard

Et quand on en crève
On signe des trêves
Trop tard

Loin de la jeunesse
On a la sagesse
Trop tard

On sait faire l'impasse
Sur ce qui tracasse
Trop tard

On goûte à l'ivresse
Et à la paresse
Trop tard

Cédons au bonheur
Écoutons nos cœurs
L'histoire

Montre chaque jour
De nouveaux détours
À croire

Qu'avec de l'amour
Il ne s'ra jamais
Trop tard

MOVIE MA VIE

Ma vie était
Comme une caméra
Qui ne tournait
Que des films de toi

Toujours les mêmes
Dans ce scénario
La mise en scène
De notre duo

Mon seul casting
Était ton sourire
Dans un travelling
Vers notre avenir

Et puis un jour
Tout a basculé
Les scènes d'amour
J'ai dû les doubler

Un jeu, un ton
Devenus trop secs
Les prises de sons
Des prises de bec

Un sentiment
De figuration
Au détriment
De nos émotions

Un long métrage
Qui a mal tourné
Y'a des dommages
Mais plus d'intérêt

De fin, le clap
Et plus de répliques
Tout en play-back
Jusqu'au générique

GRAMMAIRE AMOUREUSE

Apposé contre ton corps
Au masculin singulier
Je savoure le plein accord
Un moment plus-que-parfait

Complément existentiel
Et objet de mes pensées
Je t'aime au conditionnel
Si simple était le passé

Accepter cette liaison
Sans doute inappropriée
Sens de la conjugaison
Désaccord sur le sujet

Proposition indécente
Et parfois trop inclusive
Dans ton âme incandescente
La tournure est conclusive

Comment bien coordonner
Quand les amours sont plurielles
Et pouvoir tout accorder
Sur un même référentiel

Complément : rejet direct
À ton cœur subordonné
Illusion de mon affect
Élision de mes pensées

Ablation de l'absolu
Et en mode accusatif
Quand la partie est perdue
Plus ni verbe ni substantif

EMPREINTE DE TOI

Je n'ai pas su bien comprendre
Tous les silences, tous les pourquoi
Les non-dits, les contresens
Tous les « advienne que pourra »
Et les rôles à contre-emploi

Je n'ai pas voulu t'attendre
Tu es parti, je ne reviendrai pas
Je me le tiens pour dit, voilà.
Et je pense toujours à toi.

J'ai oublié de te rendre complice
De mon désarroi
Tu m'as prêté maintes fois
Des intentions que je n'avais pas

J'ai évité de m'étendre sur le sujet
Ça allait comme ça
Quand les mots ne veulent plus rien dire
Et qu'ils tuent l'avenir qu'on n'a pas eu
Toi et moi

On aurait dû réapprendre
Tous les soleils de nos autrefois
Et se l'avouer simplement
Sans coup férir, doucement
Se retrouver quelquefois…

*Il ne faut pas se méprendre
Et se dire « On ne vit qu'une fois,
Tout ça n'a pas d'importance »
On garde tout au fond de soi
Les empreintes des faux pas.*

AIME-MOI

Qui es-tu
Toi que peut-être
Je ne connais pas
Des lumières qui éclairent
Çà et là
Tous mes pourquoi

Que fais-tu
Quand l'ombre vient,
Plane
Au-dessus de moi
Que j'ai si peur
Et tant besoin de toi
Je ne sais pas…

Aime-moi
Comme si le monde
N'était que cela
Chaque seconde
Serait notre autrefois
À toi et moi

Aime-moi
Comme si le temps
Soudain n'avait plus cours
Que chaque instant
Devienne un mot d'amour
De tous les jours

Où vas-tu
Quand tes absences
Résonnent
En moi si fort
De tes silences
Si mal
Quand je m'endors
Petite mort

Que fais-tu
De ces toujours
Qui parlaient d'avenir
De cet amour
Que ne devrait ternir
Aucun soupir

Aime-moi
Comme si le monde
N'était que cela
Chaque seconde
Serait notre autrefois
À toi et moi

Aime-moi
Comme si le temps
Soudain n'avait plus cours
Que chaque instant
Devienne un mot d'amour
Mais pour toujours...

APRÈS

Voici l'instant venu
Où un écho ténu
Me reparle de toi

J'écris les souvenirs
De ces très beaux sourires
Ces toi et moi

Mais le temps les emporte
Comme des feuilles mortes
Qu'on ne ramasse pas

L'image prend la poussière
Cet arrière-goût amer
Je n'en veux pas

Dans un coin de mémoire
Dans quelques vieux grimoires
Tout s'efface ici-bas

Ne pas y revenir
Ne pas s'appesantir
S'envoler au-delà.

ANIMA MEA

Ma belle âme d'enfant
Te voici envolée
Toi qui étais amie
Et m'étais attachée

Es-tu morte ou enfuie
Ou seulement évadée ?
Ce désir en moi-même
Serait-il condamné
À errer, quête vaine,
Comme un succédané

J'entends le temps qui passe
Et la maturité
Abolit de guerre lasse
Toute velléité.

Succès d'années...

POST MORTEM

Et au-delà des mots
Y a-t-il
Un possible
Un lieu même ténu
Qui nous rendrait audible ?
L'amour doit-il mourir
Si l'on ne parle plus,
La tendresse périr
Si l'on ne se voit plus ?

Saurons-nous
Abolir et le temps
Et l'espace,
Pour permettre à la mort
De nous faire une place
Au creux du noir néant ?

TU SAIS

Tu sais,

J'ai gardé tout au fond de moi
Ces étincelles dans tes yeux
Et ces couleurs des jours heureux
Ces connivences, ces non-dits,
Ces fulgurances, cet appétit,
De partager, de se comprendre,
De s'amuser, de se surprendre
Ta volonté de me faire rire
Et ton envie de me séduire.

Tu sais,

Je n'ai jamais pu oublier
Les gestes drôles, les mots tout bas
Ceux qui ne s'adressaient qu'à moi
Nos tendres liens, cet unisson
Dans l'inventaire de nos passions
Ce sentiment parfois étrange
Que la douceur de nos échanges
Demeurerait ancrée en moi
Que même loin, tu serais là.

Tu sais,

Dans le secret de ma mémoire
Je t'entendais me murmurer
À des moments particuliers

Tout ce qu'inévitablement
Tu m'aurais dit en ces instants
J'avais gardé aussi je pense
Cette impression vraiment intense
De plénitude et d'harmonie
Dès que nous étions réunis.

Tu sais,

C'est étonnant, mais c'est ainsi
Quand tu as disparu, je crois
Que tout s'est endormi en moi
Nos souvenirs furent emmurés
Et notre connivence niée
Parfois tu me tendais la main
Par-delà un miroir sans tain
J'avais occulté notre histoire
Je n'espérais plus te revoir…

Tu sais,

Ce fut une grande surprise
J'étais ta Belle au bois dormant
Tu me réveilles en revenant
Et nos fous rires alors renaissent
Et avec eux notre tendresse
Intacte et même plus vive encore
Un arrière-goût de as before
Comme apaisé et plus serein
Secrète fleur de nos jardins.

IL ÉTAIT UNE FOIS

Je suis partie,
J'ai pris mon envol
Quand j'ai senti
Monter le ras-le-bol

Pas inquiétante,
Ma disparition
En dilettante
Et sans contrition.

Je voulais surtout
Redevenir moi-même,
Aller au bout,
Détacher mes chaînes.

Il est trop tard,
Loin des faux-semblants
L'aléatoire
C'est au gré du vent

On n'a qu'un tour
Il faut profiter
Du compte à rebours
Que l'on a lancé

Je monte le son,
Toute à ma musique.
Nouvelle version
Mais en acoustique.

Écrire enfin
« Il était une fois »
Ça fait du bien
J'en reste sans voix

NEXT

Je ne veux me souvenir
Que des matins de rosée
À défaut de retenir
Le charme des nuits étoilées

Subitement, je m'élipse
Atteignant une autre lune
Fuyant les apocalypses
De ton esprit taciturne

D'un courant alternatif
Je choisis de deux choses l'une
D'oublier le négatif
Des reproches, de l'amertume

Ton visage en pointillés
Va se noyer dans mes brumes
Disparaissant du papier
Comme rayé d'un trait de plume

MISE AU POINT

Je me souviens qu'on s'est aimé
Point nommé
L'histoire donne le vertige
Point de tige
Moi je ne voyais que toi
Point de croix
Tu m'as eue à plus d'un titre
Point-à-Pitre
Ton arrogance et ta morgue
Au point d'orgue
Ça tournait au ridicule
Point-virgule
Abîmés nos absolus
Point de vue
Évaporé le désir
Point de mire
Et plus rien à partager
Au point G
Trop de chagrin et de spleen
Point Godwin
Inévitable rupture
Point de suture
Dépassées toutes les limites
Point de fuite
Ça tirait tout azimut
Point de chute
Il faut larguer les amarres
Point de départ

On se dit « le compte y est »
Pointillés
Décision parfois brutale
Point final
Et nouvelle destination
Dans des points de suspension...

KAM

Sous la double baie du ciel et de la terre est un pays
Où l'homme solitaire vient rechercher l'oubli.

Quand la mer s'y étire en ondes iridescentes,
Ses flots s'ouvrent à lui, douceur de l'aurore
Le livrant tout entier aux vagues caressantes
Effaçant l'âpreté d'un monde qu'il abhorre

Il est unique, profond, rigoureux, singulier.
Un bleu céruléen colore ses prunelles
Immarcescibles étoiles de son âme emmurée,
Au sacrifice de soi, à la terre d'Israël.

Solitude bénie qui permet de survivre
Au-delà du réel, de ce qu'il lui faut vivre

L'océan est en lui, en lui sont les tempêtes,
Et les courants contraires, le reflux des marées
Les îles, les voiliers et quelques goélettes
Sont de tout son courage, à son cœur amarrés

Mais des combats du vent aux colère de Neptune,
Perdant son innocence, il est tombé des nues
En lui un gouffre immense allant jusqu'à la lune
Pleure les dernières notes d'un piano qui s'est tu.

D'un silence éternel, il a quitté l'abîme
Abolissant le temps en un combat ultime

Il revient à la vie, et dans tous ces orages
Il n'a jamais faibli, n'a cessé de lutter.
Déraciné, trahi, rescapé d'un naufrage
Il ne s'est pas perdu, n'a jamais reculé.

Il demeure silencieux, interdit, face à l'onde.
Scrutant la mer d'opale en quête de réponses.
Pour lui je serai vent, sable chaud, eau profonde
Louant toujours son âme qui jamais ne renonce.

MIROIR

Les yeux cherchant le ciel
Mais le cœur mis en terre
Perdus ses essentiels
Broyée âme légère

D'une vie, si lassé
De tant de trahisons
Épuisé et meurtri
De ses désillusions

Au soleil, dans le vent
Il espérait l'oubli
En proie à des tourments
Que rien n'a aboli

Âme sœur et gémeau
Il voulait s'interdire
Un livre bien trop beau
Pour ne pouvoir le lire

Il lui faudra entendre
Des mots venus de loin
Admettre qu'il peut prétendre
À un nouveau matin

Car pouvoir être encore
Tout fourmillant de sève
C'est ne pas être mort
Et c'est avoir des rêves

Refuser cette peur
Avancer pas à pas
Pour ouvrir tout son cœur
Au bonheur d'être soi

Alpha et omega
Parties d'un même tout
Daigne que toi et moi
Soyons au rendez-vous

Car si tu es le jour
Alors je suis la nuit
Et unis dans l'amour
Nous serons l'infini

AU-DELÀ

Tu es parti un jour, voyageur sans bagage
Laissant un livre ouvert sur des milliers de pages
De tes pas dans la neige, tu as nié la trace
Oubliant cette empreinte que jamais rien n'efface

S'en aller pour toujours et refermer la porte
Se dire « tout est fini, mais après tout qu'importe ? »
Puis revenir pourtant en murmurant « peut-être »
Comme si la mémoire ouvrait une fenêtre

Arriver d'une absence, retrouver l'essentiel
Rechercher son amour, rêver un coin de ciel
Mais s'enfuir à nouveau, en exil intérieur
Se détourner encore, ensevelir son cœur

Ignorer les possibles et trahir la confiance
Écraser le bonheur, feindre l'indifférence
Mêler les souvenirs à des reflets étranges
On sourit à la mort quand c'est vivre qui dérange.

AM ISRAËL HAÏ

Ils étaient si nombreux
À croire aux lendemains
Sur la terre des Hébreux
Et à l'abri enfin

Quand l'aube s'est levée
Sur un matin de sang
Qui a vu résonner
Le cri des innocents

L'infâme a justifié
Ces horreurs innommables
Ajoutant des « oui, mais »
Qui excusent les coupables

Aggravant la douleur
De toutes les victimes
Et injuriant les morts
Les rendant légitimes

Où étiez-vous, menteurs,
Dans tant d'autres massacres
Quand de ces dictateurs
Vous adoubiez le sacre !

C'est un pays en larmes
À son corps défendant
Qui a repris les armes
Et resserré les rangs

Courageux et ardent
Le Phoenix éternel
Se bat pour ses enfants
Et la terre d'Israël

Luttant pour sa survie
Le peuple d'Abraham
S'inscrit dans l'infini
Sauvant ainsi son âme

Savons-nous bien la force, le beau qui nous habite
Quand tout à la passion, cet art rend hommage
Aux confins de notre âme, gît une zone interdite
Où dorment nos soleils et flamboient nos mirages…

POST-SCRIPTUM

Cette promenade en poésie a ouvert un chemin certes sinueux, mais lumineux, qui serpente à l'infini aujourd'hui dans mon esprit et je sais que ce chemin ne m'a pas tout dit, qu'il recèle encore des secrets et des possibles, car on ne sait jamais où nous mènent nos routes intérieures. Ainsi, d'autres *Notes de pluie* pourront peut-être se muer un jour en une pluie de notes, au hasard des rencontres, la vie étant si prompte à nous précipiter dans l'inattendu.

L'important demeure de croire en son étoile.

Au moment de clore cet ouvrage, mon unique souhait serait que ces poèmes touchent à l'âme et créent de l'émotion, fabriquant un miroir dans lequel chacun pourrait se reconnaître ou se souvenir. Si tel est le cas, je n'aurais pas failli à ma mission d'écrivain... Et de poète !

J'en serais alors profondément émue et incroyablement honorée.

K. H.

ANNEXE

Les rimes, les sons, la métrique et le sens ont une importance égale.

Inventer des chansons est un exercice différent de celui qui consiste à produire un roman historique ou contemporain (deux styles très distincts) ou un essai. C'est une autre façon de travailler, dans l'appréciation immédiate de l'autre, qui oblige à un repositionnement permanent en respectant un cadre.

Curieusement, j'ai découvert que parfois un poème ne peut être une chanson. Il peut exister une frontière indéfinissable mais réelle entre les deux. Un texte en vers, agréable à la lecture, pourra ne pas toucher son auditoire s'il est chanté. Et l'inverse est certainement vrai.

Passionnée par les poètes du XIXe, je l'ai dit dans la préface, j'avoue privilégier dans mon écriture non seulement leurs thèmes de prédilection mais aussi leur goût pour les rimes et leur respect de la métrique. Toutefois, jouer avec la langue française en se jouant d'elle comme a pu le faire Gainsbourg est un exercice qui me ravit.

Il est toutefois nécessaire d'avoir admis les règles avant de s'en affranchir.

La définition de toute forme de création est probablement de trouver son propre chemin en s'appuyant sur les enseignements de nos aînés à qui l'on souhaite toujours rendre hommage, non sans une grande humilité !

À TOI

Le texte de *À toi* est écrit à partir du poème de Baudelaire intitulé *Harmonie du soir*, extrait de son recueil *Les Fleurs du Mal* paru en 1857, lequel a depuis toujours ma prédilection. Un chef-d'œuvre absolu, tant au niveau du sens et du rythme, que des sonorités.

L'idée est empruntée à Serge Gainsbourg qui a lui-même déconstruit *Chant d'automne*, que Verlaine a publié en 1866 dans ses *Poèmes saturniens*, pour écrire sa célèbre chanson *Je suis venu te dire que je m'en vais*. Une autre façon, pour moi, de lui rendre une fois encore hommage.

Pour rappel et pour le plaisir :

HARMONIE DU SOIR

Voici venir les temps où vibrant sur sa tige
Chaque fleur s'évapore ainsi qu'un encensoir ;
Les sons et les parfums tournent dans l'air du soir ;
Valse mélancolique et langoureux vertige !

Chaque fleur s'évapore ainsi qu'un encensoir ;
Le violon frémit comme un cœur qu'on afflige ;
Valse mélancolique et langoureux vertige !
Le ciel est triste et beau comme un grand reposoir.

Le violon frémit comme un cœur qu'on afflige,
Un cœur tendre, qui hait le néant vaste et noir !
Le ciel est triste et beau comme un grand reposoir ;
Le soleil s'est noyé dans son sang qui se fige.

Un cœur tendre, qui hait le néant vaste et noir,
Du passé lumineux recueille tout vestige !
Le soleil s'est noyé dans son sang qui se fige...
Ton souvenir en moi luit comme un ostensoir !

Baudelaire (1821 – 1867)

REMERCIEMENTS

Il est des rencontres qui sont des rendez-vous. Et l'on demeure riche et à jamais transformé(e) de ces voyages. Ils nous ont forgé(e), modelé(e), souvent meurti(e) et abîmé(e), mais on a appris et on a grandi. Et les thèmes chers aux grands écrivains romantiques montrent avec éclat combien le chagrin peut être à l'origine du processus de création. « Un ciel bleu, je n'ai rien à en dire », disait Gainsbourg en interview. Comment ne pas remercier alors ces faiseurs de nuages qui nous permettent d'emplir nos pages blanches ? Merci, donc, à ces belles rencontres qui ont nourri ma plume de tant d'inoubliables émotions !

Je remercie ma mère qui m'a donné le goût de la littérature et de la poésie, et qui continue, tout comme je le fais, d'apprendre des poèmes que nous récitons ensemble. Un merveilleux trait d'union, parmi tant d'autres, entre nous !

Merci à Philippe, Alexandre et Thibault pour l'intérêt qu'ils manifestent toujours à l'égard de mon travail, et leur soutien enthousiaste, aussi précieux qu'indéfectible.

Merci à Michèle Vermersch et Camille Messina qui m'ont soutenue dans ce projet avec toute la tendresse de leur amitié.

Merci à Lotem, dont le talent et l'inspiration m'ont menée plus loin, et notamment à rédiger davantage de poèmes, lesquels ont fini par constituer ce recueil.

*

*   *

TABLE DES MATIÈRES

Avant-propos .... p. 9
De bout en bout .... p. 17
Idylle textuelle .... p. 19
Mea culpa .... p. 20
Les Airs d'antan .... p. 22
Point de fuite .... p. 24
Écriture inclusive .... p. 26
On s'efface .... p. 28
À toi .... p. 30
Mise en abyme.............................. p. 31
Illusions...................................... p. 32
Réalité augmentée........................... p. 35
Rêverie....................................... p. 37
Tumulte ....p. 38
Irréel ....p. 39
Play... p. 40
Équilibre .... p. 41
Ailleurs .... p. 42
Oubli .... p. 43
Planer dans l'azur........................... p. 44
Ciel .... p. 45

Cadeau…………………………………	p. 46
Pensées vagabondes…………………….	p. 47
Larmes de cristal……………………….	p. 48
Hope……………………………………	p. 49
Vouloir …………………………………	p. 50
Sans relâche ……………………………	p. 51
Évidence……………………………….	p. 52
Affaire de cœur en cours………………..	p. 54
Empêche-moi de tomber ……………….	p. 55
Descendre en apnée…………………….	p. 56
Trop tard……………………………….	p. 57
Movie ma vie …………………………..	p. 59
Grammaire amoureuse ………………….	p. 61
Empreinte de toi ……………………….	p. 63
Aime-moi ………………………………	p. 65
Après…………………………………...	p. 67
Anima mea …………………………….	p. 68
Post mortem……………………………	p. 69
Tu sais …………………………………	p. 70
Il était une fois …………………………	p. 72
Next…………………………………….	p. 74
Mise au point …………………………..	p. 75
Kam ……………………………………	p. 77
Miroir ………………………………….	p. 79
Au-delà…………………………………	p. 81
Am Israël haï …………………………..	p. 82
Post-scriptum……………………………	p. 85
Annexe………………………………….	p. 86
Remerciements…………………………	p. 91

En application de l'art. L.137-2.-I. du code de la propriété intellectuelle, toute reproduction et/ou divulgation de parties de l'oeuvre dépassant le volume prévu par la loi est expressément interdite.

© Karin Hann, 2024
Édition : BoD · Books on Demand GmbH, In de Tarpen 42, 22848 Norderstedt (Allemagne)
Impression : Libri Plureos GmbH, Friedensallee 273, 22763 Hamburg (Allemagne)
Couverture ©Ambre Thourault
Photo de couverture ©Karin Hann

ISBN : 978-2-3224-7860-6
Dépôt légal : Novembre 2024

Imprimé en novembre 2024